A l'Alliance Anglo-Française.

Chants
DE LA GUERRE DE RUSSIE

PAR

H. CH. BRAME (de Lille)

CHANTS
de la
GUERRE DE RUSSIE.

A L'ALLIANCE ANGLO-FRANÇAISE.

CHANTS
DE LA GUERRE DE RUSSIE

PAR

H. CH. BRAME (de Lille)

PARIS
Librairies spéciales.

Octobre 1854.

CHANTS DE LA GUERRE DE RUSSIE.

Lorsque la patrie et l'Europe furent menacées de nouveau par la plus injuste comme la plus persévérante des agressions, j'ai senti se réveiller en moi des sentiments, que des études assidues avaient amortis peut-être, mais qui n'avaient besoin que d'une occasion pour retrouver à la fois la chaleur et l'énergie.

Vers la fin du mois d'avril, après un dîner chez M. Demetz, les intéressants colons de Mettray exécutèrent le *God save the queen*, devant lord Brougham. L'illustre anglais ne put retenir ses larmes ; je le vis, j'entendis en moi-même la voix qui commande. Alliance anglaise, peuples, armées, Napoléon... glorieux souvenirs et événements grandioses ; scènes attendrissantes ou parfois gaies, sur les deux théâtres de la guerre : tout m'inspira.

Grâce à Dieu, le voile est tombé : l'on sait enfin qu'en avant des canons ennemis, luttent des principes contraires et irréconciliables ; le bruit de cette lutte gigantesque et terrible tient le monde entier en éveil, autant peut-être que les détonations formidables de l'artillerie alliée. L'humanité a confiance, elle prévoit notre triomphe. Quel peuple oserait en douter, lorsque d'un côté se trouve la Russie, c'est-à-dire égoïsme et barbarie ; et de l'autre l'Europe, c'est-à-dire dévouement et civilisation ?

Puissent mes faibles vers être quelque peu utiles à la grande cause, qui est si noblement et si énergiquement défendue par l'Alliance anglo-française, à qui je les ai dédiés ; et je serai doublement heureux et comme Français et comme Européen.

Tours, ce 18 septembre 1854.

H.-Ch. BRAME (de Lille).

CHANTS DE LA GUERRE DE RUSSIE.

SERRONS NOS RANGS[*].

(APRÈS SINOPE.)

Serrons nos rangs, le barbare à la porte
D'un œil jaloux surveille l'Occident ;
Quand le progrès en son vol nous emporte,
Dans son repaire il s'agite en grondant.
Canons, obus, puissante carabine,
Et légers ponts, jetés sur les torrents ;
Il voit observe, et, qui sait ? imagine :
    Soldats, serrons nos rangs.   (bis.)

Serrons nos rangs, l'humble jonque chinoise
Ose affronter et les vents et les flots ;
Et, sillonnant la Tamise courtoise,
A débarqué d'étranges matelots.
Bateau chinois, bien lourdes sont tes voiles,
Mais nous aussi, nous fûmes ignorants ;
Sur les vapeurs on tend encor des toiles :
    Soldats, serrons nos rangs.   (bis.)

Serrons nos rangs ; avec sa longue lance
L'affreux cosaque est là, toujours debout ;
Le Baskir veille, et le Kalmouk s'avance
Vers la Turquie, et l'Europe est au bout.
Méfions-nous de la Perse et de l'Inde,
C'est le berceau de peuples conquérants ;
Méfions-nous de l'Hymette et du Pinde ;
    Soldats, serrons nos rangs.   (bis.)

[*] Air nouveau de M. Woets ou air connu.

Serrons nos rangs ; un cri vaste et terrible
A retenti partout dans l'univers :
L'Europe en vain se déclare invincible,
Vingt nations lui préparent des fers ;
Russes, Persans, Arabes et Tartares,
Afghans, Mongols et Malais... Soyons francs :
Serrons nos rangs, arrière les barbares !
    Soldats, serrons nos rangs.   (*bis.*)

Serrons nos rangs, souvenez-vous de Rome !
Nous serons forts si nous sommes unis ;
Mais le génie et le pouvoir de l'homme
Ont parmi nous de sombres ennemis !
En vrais lions, si nous savons combattre,
Il est des Czars que l'astuce a faits grands ;
Pierre l'a dit : divisez pour abattre !
    Soldats, serrons nos rangs.   (*bis.*)

Serrons nos rangs ; l'attentat de Sinope
D'un sort fatal menace le plus fort ;
Serrons nos rangs, braves soldats d'Europe,
La défiance est un germe de mort :
S'ils ont des dieux, c'est le fer et la flamme,
Tous ces bandits, l'espoir de fiers tyrans...
Pour les dompter, ah ! n'ayons plus qu'une âme :
    Soldats, serrons nos rangs.   (*bis.*)

H.-Ch. BRAME (de Lille).

HURRAH !

CHANT DE DÉPART POUR LA RUSSIE [1].

D'un Czar fameux la terrible menace,
Européens, vous parquait en troupeaux ;
Son successeur, aveugle en son audace,
Dans votre sang veut tremper ses drapeaux ;
Mais nous bravons cette grandeur sauvage,
Osant rêver de nous dicter des lois ;
Pour refouler un barbare esclavage,
La liberté combat avec nos rois.

Marchons, Européens, marchons à la victoire !
      Hurrah !
Marchons ! Dieu nous promet la paix avec la gloire.
      Hurrah ! hurrah ! hurrah !

Au Moscovite, héritier de sa haine,
Pierre légua son honteux testament ;
Pour l'accomplir, des tribus de l'Ukraine,
Le Russe altier se fit un instrument ;
Le knout en main, il entraîne au carnage
Lesguins, Baskirs et Cosaques du Don ;
Ces peuples vils n'aspirent qu'au pillage...
Pour les brigands, le Ciel est sans pardon.

      Marchons, etc.

Du sombre Euxin à la froide Baltique,
Le Czar régnait sur la terre et les eaux ;
Avec orgueil son pouvoir despotique
Trônait, assis sur de nombreux vaisseaux ;
Soudain, son bras se lève, il nous défie :
Fuyez, maudits, mécréants et payens !
A moi Byzance ! à moi Sainte-Sophie !
Je suis le pape et le czar des Chrétiens.

      Marchons, etc.

[1] Air de M. Domis, chef de musique du 23ᵉ léger, au Pirée.

De ce tyran, balayons les esclaves,
Européens, fiers et vaillants soldats !
Mieux vaut la mort que l'empire des Slaves ;
Leur joug affreux n'est doux qu'aux renégats.
Pontife et roi, le chef de la Russie
Est l'ennemi de notre Chrétienté ;
Le despotisme est son orthodoxie,
Dieu nous donna la sainte liberté.

      Marchons, etc.

Le Moscovite a semé la tempête !
A ses clameurs l'univers a frémi ;
Britannia montre sa foudre prête,
L'aigle des Francs plane sur l'ennemi ;
Le Turc grandi foule à ses pieds la chaîne
Qu'un siècle éteint forgea pour le Croissant.
Czar, tu rugis ; mais ta colère est vaine !
Sire, tremblez !... Dieu seul est tout-puissant !

      Marchons, etc.

Louange à Dieu ! Voici la délivrance !
Peuples et rois se sont donné la main.
Plus de tyrans ! L'Angleterre et la France
Des fers du Czar sauvent le genre humain.
Signe éclatant, l'étendard tricolore
Brille au milieu des couleurs d'Albion ;
Le sol trembla du couchant à l'aurore,
Et le Kremlin revoit Napoléon.

Marchons, Européens, marchons à la victoire !
    Hurrah !
Marchons ! Dieu nous promet la paix avec la gloire.
    Hurrah ! hurrah ! hurrah !

5 mai 1854.

        H.-Ch. BRAME (de Lille).

(Deuxième édition.)

CHANTS DE LA GUERRE DE RUSSIE.

LE DÉPART DE CALAIS.

Honneur aux fils de l'Angleterre,
Qui nous dirigent sur les flots !
Ils emportent notre tonnerre :
Hurrah ! soldats et matelots !

   Salut, noble espérance !
   L'aigle de Napoléon
   Et la fortune de la France
   Gardent les vaisseaux d'Albion.
   Salut, noble espérance !
   Gloire à Napoléon !

On nous a vus dans vingt batailles
Disputer de sanglants lauriers,
Et nous déchirer les entrailles,
Durant cinq siècles meurtriers.

   Salut, noble espérance, etc.

Vainqueurs ou vaincus intrépides,
Creusant tour à tour des tombeaux,
De tant de luttes fratricides
Que reste-t-il ? Des oripeaux.

   Salut, noble espérance, etc.

Triomphons d'un orgueil perfide
Pour sauver l'Europe en danger,
Et notre alliance splendide
Sera l'effroi de l'étranger.

   Salut, noble espérance, etc.

Air nouveau de M. Woets.

De nos funestes temps de guerre
Brisons le fatal souvenir ;
A tous les peuples de la terre
Paix et bonheur dans l'avenir !

 Salut, noble espérance, etc.

Si l'oriflamme tricolore
Est plus brillante que jamais,
Un rayon de soleil la dore
Sous le pavillon des Anglais.

 Salut, noble espérance, etc.

Un devoir sacré nous entraîne,
Nous vous confions notre honneur :
Trois fois hurrah ! pour votre reine !
En avant ! Vive l'Empereur !

 Salut, noble espérance !
 L'aigle de Napoléon
Et la fortune de la France
Gardent les vaisseaux d'Albion.
 Salut, noble espérance !
 Gloire à Napoléon !

18 Juillet 1854.

    B.-Ch. BRAME (de Lille).

Tours, imp. de J. Bouserez.

CHANTS DE LA GUERRE DE RUSSIE.

LE TOAST[1].

Dieu soit loué ! la France et l'Angleterre
Ont un seul cœur pour leurs fils réunis ;
A nos banquets les peuples de la terre
Sont conviés, ils sont tous nos amis ;
Tous, sauf un seul !... Celui-là qu'importune
Paix et bonheur, cordiale gaîté :
Le verre en main pitié pour l'infortune,
Portons un toast à la fraternité.

Pour féconder le sol de la patrie,
Pour mettre au jour ses trésors souterrains,
Chez nous l'active et savante industrie
Créant sans cesse, a centuplé les mains.
Pâle, confus et perché sur sa hune,
Un Menschikoff nous regarde hébété :
Le verre en main pitié pour l'infortune,
Portons un toast à la fraternité.

La nuit n'est plus : dans la plus humble ville,
Astre nouveau, scintille un gaz léger ;
L'espace fuit : la vapeur est docile...
Tout en Europe attire l'étranger.
Le pauvre Russe !.. Il n'a que la rancune,
Epanouie en son cœur attristé :
Le verre en main pitié pour l'infortune,
Portons un toast à la fraternité.

Nos paquebots sur les deux hémisphères,
A tout instant débarquant nos produits ;
Londres, Paris, unissant leurs affaires,
Bourses et docks, pleins de monde et de bruits ;
Tout fait ombrage au pays où Neptune
Par l'impuissance est un dieu respecté :
Le verre en main pitié pour l'infortune,
Portons un toast à la fraternité.

[1] Prononcez : *toste*.
Air de M. Woets, ou *T'en souviens-tu*.

Fil de métal d'où jaillit la pensée,
Loin de sa source et par delà les mers ;
Imprimerie, ou gravure empressée
A la répandre au loin dans l'univers,
Tout semble au Russe, ainsi que la tribune
De francs témoins de notre impiété:
Le verre en main pitié pour l'infortune,
Portons un toast à la fraternité.

Lorsqu'un palais s'ouvrit en Angleterre
A tous les arts, sous tous les pavillons,
Le Czar rêvait de carnage et de guerre,
Ses arsenaux regorgeaient de canons ;
A Péterhoff il raillait sur la dune
Vertus, grandeur, génie et liberté :
Le verre en main pitié pour l'infortune,
Portons un toast à la fraternité.

Le canon tonne !... aussitôt l'industrie,
Arme et protège et vaisseaux et soldats ;
A Bomarsund, Odessa, Silistrie,
L'invention est reine des combats.
Qui te priva de la raison commune
Peuple de serfs, pauvre déshérité ?
Le verre en main pitié pour l'infortune,
Portons un toast à la fraternité.

Quoi ! la Russie arrêterait l'Europe
Par l'incendie et d'horribles hivers !
Le feu ! le feu ! c'est Moscou ! c'est Sinope !
Torches, brûlots et forçats hors des fers !
Mais la vapeur rend la mer opportune,
Devant nous fuit le Russe épouvanté :
Le verre en main pitié pour l'infortune !
Portons un toast à la fraternité.

12 septembre 1854.

H.-Ch. BRAME (de Lille).

Tours, imp. de J. Bouserez.

CHANTS DE LA GUERRE DE RUSSIE.

AUX GRECS[*].

Hellé renaît, et l'Europe l'admire :
   Respect au peuple de héros !
Pour son pays il brave le martyre,
   Il sème son sang et ses os.

   Liberté pour l'ombre d'Homère,
     Pour Aristide et pour Platon !
   Sois libre et forte, ô Grèce, notre mère !
     Le monde est rempli de ton nom.

La noble Grèce est une autre patrie
   De tous les peuples d'Occident :
Français, Anglais, fils de la Germanie,
   Tous proclament son ascendant.

   Liberté, etc.

Mais, quoi ! déjà, la Grèce triomphante
   Des Barbares subit le frein ?
Réveillez-vous, Don Juan de Lépante,
   Illustres morts de Navarin !

   Liberté, etc.

Enfants d'Hellé, fidèles à la gloire,
   Nous accourrons vous secourir ;
Avec l'Europe, adoptant votre histoire,
   Jurez de vaincre ou de mourir.

   Liberté, etc.

[*] À l'occasion du banquet de l'Acropole du 22 juin 1854.

En vain le Czar vous montre le Pactole,
Sa perfidie est aux abois ;
Grecs, écoutez ! Du haut de l'Acropole
Dieu vous parle par notre voix.

Liberté, etc.

De l'Ottoman respectez la puissance,
C'est le vœu de la chrétienté ;
A votre roi gardez l'obéissance,
Pour nous, gardez la liberté.

Liberté pour l'ombre d'Homère,
Pour Aristide et pour Platon !
Sois libre et forte, ô Grèce, notre mère !
Le monde est rempli de ton nom.

9 Juillet 1854.

H.-Ch. BRAME (de Lille).

Tours, Imp. de J. Bouserez.

CHANTS DE LA GUERRE DE RUSSIE.

CHANT DES ALLEMANDS.

Le Rhin n'est plus une barrière
Francs et Germains sont réunis ;
Ciel, écoute notre prière :
Que les barbares soient punis !

Contre le pouvoir du mensonge
L'Europe entière se défend ;
Russes, tremblez dans l'orgueil qui vous ronge :
Vous n'aurez pas le Danube allemand.

Si les bataillons de la France
Nous ont ensemble combattus,
Les drapeaux de notre alliance
Tombent, par vos mains abattus.

Contre le pouvoir du mensonge, etc.

Souillant d'éclatantes victoires,
Vous convoitez notre pays ;
La France a reconquis ses gloires :
Peuples et rois sont ses amis.

Contre le pouvoir du mensonge, etc.

Malheur à l'Attila des Slaves !
Terribles guerriers d'Albion,
Francs et Germains, peuples de braves,
Dieu nous rend un Napoléon.

Contre le pouvoir du mensonge, etc.

Les forêts de la Germanie
Arrêtaient l'aigle des Césars,
Devant notre Allemagne unie
Inclinez-vous, aigle des Czars.

Contre le pouvoir du mensonge, etc.

Quoi ! vous menacez notre empire
D'un sceptre d'hier, déjà vieux ?
Nos bras, levés pour le maudire,
Sauront abattre vos faux dieux

Contre le pouvoir du mensonge, etc.

Pour notre liberté chérie,
Pour nos foyers, pour nos autels,
Pour la gloire de la patrie,
A notre aide, héros immortels !

Contre le pouvoir du mensonge, etc.

A notre aide, Hermann, qui nous fonde,
Et Charlemagne et Witikind ;
Othon, les délices du monde,
Et Frédéric et Charles-Quint !

Contre le pouvoir du mensonge, etc.

A nous, la France et l'Angleterre !
A nous, peuples européens !
Renversons d'un coup de tonnerre,
Les fiers ennemis des humains !

Contre le pouvoir du mensonge
L'Europe entière se défend ;
Russes, tremblez dans l'orgueil qui vous ronge :
Vous n'aurez pas le Danube allemand.

30 Juillet 1854.

H.-Ch. BRAME (de Lille).

Tours, imp. de J. Bouserez.

LA GARDE IMPÉRIALE

Réveillons-nous, braves des braves,
Vieux soldats du grand Empereur;
La France a brisé ses entraves,
Et nous rappelle au noble champ d'honneur.

    La garde impériale s'avance
        L'arme au bras;
    Arrière! Ennemis de la France,
        Parlez bas!

Quoi! ces barbares de Russie,
Ces vaincus de la Moskowa;
Ces complices de l'incendie
Osent parler de la Bérésina!

    La garde impériale s'avance,
        L'arme au bras;
    Arrière! Ennemis de la France,
        Parlez bas!

De nos bataillons intrépides,
Rassemblant les débris épars;
Les vaillants fils des invalides,
Sauront porter nos anciens étendards.

    La garde impériale s'avance,
        L'arme au bras;
    Arrière! Ennemis de la France,
        Parlez bas!

Air de M. J. Midavaine.

Le ciel nous protège et nous donne
Pour compagnons le fiers Anglais;
Ils vous diront avec Cambronne:
La Garde meurt et ne se rend jamais.

La garde impériale s'avance
L'arme au bras;
Arrière! Ennemis de la France,
Parlez bas!

Napoléon le Grand se lève,
Il sort vivant de son tombeau;
Votre Empire n'est plus qu'un rêve,
Et Pétersbourg venge Fontainebleau.

La garde impériale s'avance
L'arme au bras;
Arrière! Ennemis de la France,
Parlez bas!

En avant! La France terrible
Arme son aigle et son lion;
Notre Empereur est invincible,
Serrons les rangs! Vive Napoléon!

La garde impériale s'avance
L'arme au bras;
Arrière! Ennemis de la France,
Parlez bas!

.... Juin 1854.

H. ch. BRAME (de Lille).

Tours, Imp. de J. Bouserez.

CHANTS DE LA GUERRE DE RUSSIE.

LA SŒUR DE CHARITÉ [1].

Qui nous protége et nous console,
Au nom du Dieu de bonté ?
C'est un bon ange, ô doux symbole !
C'est la sœur de charité.

Un conscrit, regrettant sa mère,
Traîne sa douleur en tout lieu,
Et malade il se désespère,
A son pays, tout bas il dit adieu.

Qui le protége et le console,
Au nom du Dieu de bonté ?
C'est un bon ange, ô doux symbole !
C'est la sœur de charité.

Quelque jeune artilleur se blesse,
Inhabile au tir du canon :
Plus de combats ni de prouesse,
Adieu la gloire, et le vaillant renom.

   Qui le protége, etc.

Un vétéran dans la bataille
A tout laissé : jambes et bras ;
Il expire... La mort le raille
Et bat la charge, en marchant à grands pas.

   Qui le protége, etc.

Partout la faim ! C'est la disette,
Partout la neige ! C'est l'hiver.
La faim, le froid et la défaite
Sur le guerrier ont leurs ongles de fer.

   Qui le protége, etc.

[1] Air du couplet de la *Garde impériale*, varié au refrain ; en air de M. Weets.

Le choléra !.. De fiers courages
Ont fui le soldat malheureux ;
Il succombe aux lointains rivages :
Vivant encore, il semble un spectre affreux.

  Qui le protége, etc.

Le favori de la fortune,
Le grand général, le héros,
Qu'une mort sans gloire importune,
Gît languissant sur un lit de repos.

  Qui le protége, etc.

Nos bataillons ont la victoire,
Ils fêtent leur nouveau laurier.
Blessé, sombre dans son déboire,
Seul, oublié, gémit un prisonnier.

  Qui le protége, etc.

Honneur aux filles de Marie !
Loin de ta mère et de la sœur,
Soldat, l'espoir de la patrie,
Qui te défend, mon brave défenseur ?

Qui te protége et te console,
 Au nom du Dieu de bonté ?
C'est un bon ange, ô doux symbole !
 C'est la sœur de charité.

16 septembre 1854.

H.-Ch. BRAME (de Lille).

Tours, imp. de J. Bouserez.

CHANTS DE LA GUERRE DE RUSSIE.

BOMARSUND.

AUX SUÉDOIS.

Les Suédois sont les Français
du Nord.

AVANT LA PRISE DE BOMARSUND.

1° Aux armes, Suédois, vengeance !
Du Russe altier châtions l'arrogance,
    Que l'Autocrate soit dompté !
    Aux armes, Suédois, vengeance !
    Gloire aux Anglais ! Gloire à la France !
Vivent nos rois ! Vive la liberté !

2° Braves enfants de la Suède,
    Vos jours heureux sont revenus ;
    L'Europe, accourant à votre aide,
    Vous venge, glorieux vaincus.
    A son ardente convoitise
    Le Russe vous disait soumis ;
    Portez bien haut cette devise :
    Vivre ou mourir pour son pays.

Aux armes, Suédois, vengeance ! etc.

1° Chœurs de Suédois.   2° Un Français.

1* De tout le peuple scandinave
   Vous armerez les bras vengeurs,
   Et la Finlande encore esclave
   Fera trembler ses oppresseurs.
   Si par la ruse et le mensonge
   Les Czars ont conquis la Newa,
   Leur pouvoir se dissipe en songe ;
   Ils préparaient leur Pultawa.

Aux armes, Suédois, vengeance ! etc.

2* Pendant la terrible bataille
   Où le nombre seul l'emporta,
   Charles douze, dans la mitraille,
   Attendit en vain Mazeppa.
   Que faisais-tu, chef de l'Ukraine ?
   Ton supplice sera sans fin ;
   Pierre le Czar avec sa haine,
   A tes guerriers inflige un frein.

Aux armes, Suédois, vengeance ! etc.

3* Et que font-ils dans la Finlande
   Les descendants de ces vaincus ?
   La Suède vaillante et grande
   Les eut trempés dans ses vertus.
   Le Russe en fit d'affreux sauvages :
   Bandit, l'horreur du monde entier,
   Soldat du meurtre et des ravages,
   Cosaque ! il bénit ton coursier.

Aux armes, Suédois, vengeance ! etc.

4* En vrais héros toujours féconde,
   Le front de gloire couronné,

1* Le Français. 2* Un Anglais. 3* L'Anglais. 4* Le Français.

La Suède signale au monde
Les grands noms de Schéele et Linné,
Gustave-Adolphe et Charles douze,
Oxenstiern, le conseiller fort ;
Et la France n'est pas jalouse,
O Suédois, Français du nord.

1° Aux armes, Suédois, vengeance !
Du Russe altier châtions l'arrogance,
Que l'Autocrate soit dompté !
Aux armes, Suédois, vengeance !
Gloire aux Anglais ! Gloire à la France !
Vivent nos rois ! vive la liberté !

APRÈS LA PRISE DE BOMARSUND.

2° Il n'est plus le fort imprenable,
Bomarsund, au loin redouté !
Son granit est réduit en sable,
Au souffle du vent emporté.

Victoire aux soldats de la France !
Victoire aux fiers marins anglais !
Leur valeur est notre espérance,
Vive l'Empereur des Français !

Vive la reine d'Angleterre !
Victoria, Napoléon,
Le roi des princes de la terre
En vous glorifia son nom.

La Finlande, terre chérie,
Frémit sous un joug odieux :
Liberté pour notre patrie,
Pour la tombe de nos aïeux !

1° Chœurs de Suédois.   2° Un Finlandais des îles d'Aland.

Suédois, liberté, vengeance !
La main de Dieu frappe les Czars ;
Avec l'Angleterre et la France,
Foudroyons leurs puissants remparts.

1° Aux armes, Suédois, vengeance !
Du Russe altier châtions l'arrogance ;
Que l'Autocrate soit dompté !
Aux armes, Suédois, vengeance !
Avec l'Angleterre et la France,
Combattons pour la liberté !

2° Plus de tyrans sur la Baltique,
Fils de la Suède et Danois !

3° Plus de tyrans sur la Baltique,
Fils de la Suède et Danois !
Ce cri du peuple est prophétique,
Armez-vous, au nom de vos lois,
Au nom du Très-Haut qui protège
Vos intrépides matelots ;
En avant ! Suède et Norwège,
Dieu vous appelle sur les flots.

4° Aux armes, Suédois, vengeance ! etc.

5° Déjà la guerrière Finlande
Gronde sous le joug étranger ;
A Cronstadt la terreur est grande,
Et Pétersbourg est en danger.
Levez-vous quand le canon tonne
Sur le barbare et ses vaisseaux ;
En avant ! le Ciel nous l'ordonne ;
Délivrons la terre et les eaux !

1° Levons-nous quand le canon tonne etc.

1° Chœurs.   2° Un paysan Suédois.   3° L'Anglais.
4° Chœurs (comme 1°).   5° Le Français.   6° Les chœurs.

1° La Finlande, terre chérie,
Frémit sous un joug odieux ;
Liberté pour notre patrie,
Pour la tombe de nos aïeux !

2° Si par la ruse et le mensonge
Les Czars ont conquis la Newa,
Leur pouvoir se dissipe en songe ;
Ils préparaient leur Pultawa.

3° Levez-vous quand le canon tonne
Sur le barbare et ses vaisseaux ;
En avant ! le Ciel nous l'ordonne :
Délivrons la terre et les eaux !

4° Levons-nous quand le canon tonne, etc.

5° Aux armes, Suédois, vengeance !
En avant, peuple redouté !
Gloire à notre sainte alliance !
Triomphons pour la liberté.

6° Gloire à notre sainte alliance !
Vivent nos rois ! vive la liberté !

7° Louange à Dieu ! vive la liberté !

8° Aux armes, Suédois, vengeance !
En avant, peuple redouté !
Gloire à notre sainte alliance !
Louange à Dieu ! vive la liberté.

H.-Ch. BRAME (de Lille.)

3 septembre 1854.

1° Le Finlandais.   2° L'Anglais.   3° Le Français.
4° Les chœurs.   5° Le Français seul, puis le trio et les chœurs ensemble.
6° Le Finlandais seul, puis avec les chœurs.   7° Le Finlandais.
8° Trio avec les chœurs.

Dieu, c'est Moscou ! je grille ma moustache,
Puis vient l'hiver, et mon pied se gela ;
Sous son manteau mon colonel me cache,
Je perds un bras à la Bérésina.
Bon ! c'est fini... Revenu du voyage,
Par notre hôtel j'ai droit d'être vêtu...
Dix fois blessé, j'étais fier à ton âge,
Je te l'ai dit : mon fils, t'en souviens-tu ?

Souvent ici l'on parle du grand homme,
Près des grognards il dort dans son tombeau ;
La France attend, il a fait long somme ;
Mais parmi nous son réveil sera beau.
Sois invalide !... Il verra mon ouvrage !
On le dit mort ; mais, bah !... Je suis têtu...
Dix fois blessé, j'étais fier à ton âge,
Je te l'ai dit : mon fils, t'en souviens-tu ?

Allons, petit, en avant ! et prospère !
Du premier feu reviens-nous balafré ;
Silence, au moins !... Ne préviens pas ta mère ;
Tais-toi, mon fils, c'est un devoir sacré.
Mais ton physique est encor sans outrage,
Ah ! malheureux, n'as-tu pas combattu ?
Dix fois blessé, j'étais fier à ton âge,
Je te l'ai dit : mon fils, t'en souviens-tu ?

14 septembre 1854.

H.-Ch. BRAME (de Lille).

Tours, imp. de J. Bouserez.

CHANTS
DE LA
GUERRE DE RUSSIE.

AUX AMÉRICAINS[1].

Naguère on vit, sous ses splendides voiles
L'Américain triomphant sur les mers ;
Son pavillon, resplendissant d'étoiles,
Fut honoré dans le vaste univers.
Tout change, hélas ! ô comble de surprise !
Le Czar aurait d'étranges partisans :
Ah ! redoutez les destins de Venise,
Sa République enfanta des tyrans !

Les citoyens de la jeune Amérique,
Fils de Franklin et du grand Washington,
Ont défié le pouvoir despotique,
Et lui parlaient du plus superbe ton.
Mais, pour tenter quelque folle entreprise,
De l'Autocrate ils se font courtisans :
Ah ! redoutez les destins de Venise,
Sa République enfanta des tyrans.

Vous n'êtes plus, milices intrépides,
Soldats des lois et de la liberté !
Vos petits-fils sont des marchands avides ;
Rivaux d'audace et de cupidité.
Sur la Havane, ils ont, avec franchise,
Revendiqué les droits des Tamerlans :
Ah ! redoutez les destins de Venise,
Sa République enfanta des tyrans.

[1] Airs connus.

Le Czar joindrait Stamboul à la Baltique,
L'ardent Bosphore à la froide Newa !
Ainsi, d'un pied vous foulez le Mexique,
Et déjà l'autre a menacé Cuba !
Son joug est prêt... Mais l'Espagnol le brise :
Il a du sang des fougueux Ottomans ;
Ah ! redoutez les destins de Venise,
Sa République enfanta des tyrans.

Américains, connaissez-vous les Slaves ?
Adorant Dieu dans le droit du plus fort,
Ces faux chrétiens, ces durs maîtres d'esclaves
Au loin semaient l'épouvante et la mort.
Mais l'Éternel d'un souffle pulvérise
Ceux qui n'ont foi qu'au canon des forbans :
Ah ! redoutez les destins de Venise,
Sa République enfanta des tyrans.

La vieille Europe a gardé sa vaillance,
Et Dieu bénit ses décrets souverains.
Francs et Bretons, notre sainte alliance
Est le salut et l'espoir des humains.
Américains, l'intérêt nous divise ;
Mais notre Europe aime tous ses enfants ;
Ah ! redoutez les destins de Venise ;
Sa République enfanta des tyrans*.

Saint-Avertin, 24 août 1854.

H.-Ch. BRAME (de Lille).

* L'auteur est loin de méconnaître la puissance du génie commercial et industriel du peuple des États-Unis, et, comme français et comme européen, il fait des vœux sincères pour l'accroissement continu de ses prospérités. On comprend que ce chant a été inspiré par une odieuse expédition et d'autres regrettables manifestations publiques. Que ne peut-il, dans sa faiblesse, éclairer sur les véritables intérêts de leur patrie, nombre de citoyens de l'Union, qui se déclarent hautement partisans des annexions forcées et des conquêtes à tout prix. De nos jours l'autocratie et l'extrême démocratie sont entraînées par les mêmes tendances, et semblent adopter la même devise : « Liberté pour soi ; despotisme pour autrui. » Là ne sont pas les voies de Dieu.

CHANTS DE LA GUERRE DE RUSSIE.

LE TRÉPAS GLORIEUX.

Adieu, quittons la vie,
En héros des combats
La mort digne d'envie
Est la mort (bis.) des soldats.

Pour Athène et l'Attique
Le roi Codrus est mort;
Ce sacrifice antique
Fit naître un peuple fort.
Jusqu'à la mort (bis.) dociles,
Avec Léonidas,
Soupaient aux Thermopyles
Ses trois cents (bis.) fiers soldats.

   Adieu; adieu, etc.

Des citoyens de Rome,
Les premiers des humains,
Mourut plus d'un grand homme
Pour sauver les Romains.
Mort aux marches (bis.) d'Espagne,
Le paladin Roland,
Si près de Charlemagne
N'en paraît (bis.) pas moins grand.

   Adieu; adieu, etc.

Air : *Adieu, mon beau navire* (*des deux Reines*, 1ᵉʳ couplet).

De hauts-faits qu'il faut taire
La France n'a souci ;
Charles-le-Téméraire
N'est héros qu'à Nancy.
Gisant au pied (*bis.*) d'un hêtre,
Mourant dans l'abandon,
Bayard confond un traître :
Le parjure (*bis.*) Bourbon.

    Adieu ; adieu, etc.

Grand et sage Turenne,
Émule de Condé,
Va, qu'un boulet te prenne,
Ton sang est fécondé.
Le grenadier (*bis*) modèle
Est mort au champ d'honneur,
A ta gloire fidèle,
D'Auvergne (*bis.*) a ton bonheur.

    Adieu ; adieu, etc.

Ferme dans sa vaillance,
Défiant l'ennemi,
D'Assas meurt pour la France,
La France l'a béni.
Marceau grandit (*bis*) la gloire ;
Que son trépas est beau !
Charles (1) a la victoire,
Il honore (*bis.*) un tombeau.

    Adieu ; adieu, etc.

A Marengo sublime,
Desaix tombe en héros :
De ce triomphe ultime
Il pare son repos.

L'archiduc Charles.

Montebello (*bis,*) succombe ;
Soudain, Napoléon
Vient pleurer sur sa tombe,
Où s'inscrit (*bis.*) un grand nom.

    Adieu ; adieu, etc.

Le colosse d'argile
Craque de toutes parts,
Sous son manteau fragile,
De tours et de remparts.
S'il domine (*bis.*) leur faîte,
L'Alexandre du Nord,
Martyr par sa défaite,
Est géant (*bis.*) par sa mort.

    Adieu ; adieu, etc.

Qu'une terre s'arrose
Du sang de vrais guerriers,
Pour leur apothéose
Il y croît des lauriers.
Pierre-le-grand, (*bis.*) messie
De peuples sans remords,
Nous vaincrons la Russie,
Où nos pères (*bis.*) sont morts.

Adieu (*bis.*) quittons la vie
En héros des combats,
La mort digne d'envie
Est la mort (*bis.*) des soldats.

10 septembre 1854.

        H.-Ch. BRAME (de Lille).

CHANTS DE LA GUERRE DE RUSSIE.

Le roseau plie et ne rompt pas*.

L'humanité plane majestueuse
Sur un passé grand et mystérieux ;
Vers l'avenir elle s'élance heureuse,
Et dans son vol croit atteindre les cieux.
Mais sa pensée, ainsi que la tempête,
Sème parfois le deuil et le trépas ;
Sage est alors qui sait courber la tête,
    Le roseau plie et ne rompt pas.

La France est fière, et sa gloire éternelle
La consola pendant l'adversité ;
La France est libre, et sa main fraternelle
Aux nations donne la liberté.
Mais sa colère est âpre à qui l'arrête,
Le monde tremble au seul bruit de ses pas ;
Sage est alors qui sait courber la tête,
    Le roseau plie et ne rompt pas.

Un autocrate en son orgueil paisible,
Se rit des lois de la terre et des cieux ;
Pape, empereur, il se croit invincible,
Et dieu lui-même, ou descendant des dieux.
Ainsi le chêne élève trop son faîte,
La foudre éclate, il croule avec fracas ;
Sage est celui qui sait courber la tête,
    Le roseau plie et ne rompt pas.

              H.-Ch. DRAME (de Lille).

* Air connu.

Tours, Imp. de J. Bouserez.

CHANTS DE LA GUERRE DE RUSSIE.

LE CIRCASSIEN OU LA GRANDE CHASSE.

Guerriers, suivez-moi dans la plaine,
Le Czar brûle ses forts, dit-on,
Hurrah! hurrah! tontaine, tonton,
La grande guerre est en haleine,
Le Russe va baisser le ton,
　　Hurrah! tontaine, tonton.

Le Czar n'aura pas le Caucase,
Il a trop fait le fanfaron,
Hurrah! hurrah! tontaine tonton;
Son trône branle sur sa base,
Malgré saint Serge, son patron,
　　Hurrah! tontaine, tonton.

Aculcho, l'histoire est certaine,
Changea le Grand Ours en mouton,
Hurrah! hurrah! tontaine tonton;
Ses gens y tombaient par centaine,
Sous le feu d'un seul peloton,
　　Hurrah! tontaine, tonton.

On y connut le fier Muride
Et son terrible mousqueton,
Hurrah! hurrah! tontaine, tonton;
Et Schamyl, le chef intrépide,
Et le miracle du ponton,
　　Hurrah! tontaine, tonton.

Air de la chasse : *Tonton, tontaine, tonton.*

Omer Pacha mit l'ours en chasse,
La bête fuit de maint canton,
Hurrah ! hurrah ! tontaine, tonton ;
Des ours nous détruirons la race,
Ils sont d'un sang par trop glouton,
   Hurrah ! tontaine, tonton.

Nous n'en aurons que plus d'audace,
Si le Cosaque est de planton,
Hurrah ! hurrah ! tontaine, tonton ;
Son odeur révèle sa trace,
On le traque à coups de bâton,
   Hurrah ! tontaine, tonton.

L'aigle russe est oiseau vulgaire,
Il craint notre noble faucon,
Hurrah ! hurrah ! tontaine, tonton ;
Qui plume en lui faisant la guerre,
Un aigle double, un peu gascon,
   Hurrah ! tontaine, tonton.

Russes, pour nous sont la Fortune,
Le Franc, le Turc et le Breton,
Hurrah ! hurrah ! tontaine, tonton ;
Le son du cor vous importune,
Tremblez au bruit du mousqueton,
   Hurrah ! tontaine, tonton.

29 septembre 1854.

H. Ch. BRAME (de Lille.)

SEBASTOPOL.

Chants de la Guerre de Russie

CHANT DE LA GUERRE DE RUSSIE.

SÉBASTOPOL*.

Victoire ! Enfin, nous délivrons le monde !
Pierre-le-grand fut un devin trompeur ;
Le boulevard de sa ruse profonde,
Sébastopol tombe aux pieds du vainqueur.
Tout est à nous : canons, vaisseaux et phare,
Port et cité, soldats et matelots ;
La mer est libre... Arrière le barbare !
    Dieu seul commande aux flots. *(bis.)*

L'ombre de Pierre emplit la forteresse,
Où triomphaient les vaisseaux ennemis ;
Sébastopol tressaille d'allégresse :
« Sinope ! Hurrah ! L'Orient est soumis ! »
Reine des eaux, ta joyeuse fanfare
Meurt, et se change en lugubres sanglots ;
La mer est libre... Arrière le barbare !
    Dieu seul commande aux flots. *(bis.)*

* Air connu, ou air de M. Woets.

Victoire ! Enfin nous délivrons le monde !
Titan du Nord, le Czar hurle indompté ;
Mais contre lui sa fureur nous seconde,
Et dans l'abîme il s'est précipité.
De Pétersbourg quel nouveau dieu s'empare ?
C'est la Folie, agitant ses grelots ;
La mer est libre... Arrière le barbare !
  Dieu seul commande aux flots.   (bis.)

3

Un amiral, à son tour faux prophète,
Puissant naguère et nonce redouté,
De notre Europe a prédit la défaite,
Au nom du dieu par les Czars inventé.
Mais du méchant, qu'il soit Russe ou Tartare,
Le Tout-Puissant sait rompre les complots ;
La mer est libre... Arrière le barbare !
  Dieu seul commande aux flots.   (bis.)

H.-Ch. BRAME (de Lille).

Tours, imp. de J. Bouserez.

CHANTS DE LA GUERRE DE RUSSIE.

TABLE

1. Serrons nos rangs (après Sinope).......1
2. Hurrah!.......3
3. Départ de Calais.......5
4. Toast.......7
5. Aux Grecs.......9
6. Chant des Allemands.......11
7. La Garde impériale.......13
8. La Sœur de Charité.......15
9. Bomarsund (aux Suédois).......18
10. L'Invalide.......22
11. Aux Américains.......25
12. Le Trépas glorieux.......27
13. Le Roseau plie et ne rompt pas.......29
14. Le Circassien ou la grande chasse.......31
15. Sébastopol.......33

SEBASTOPOL.

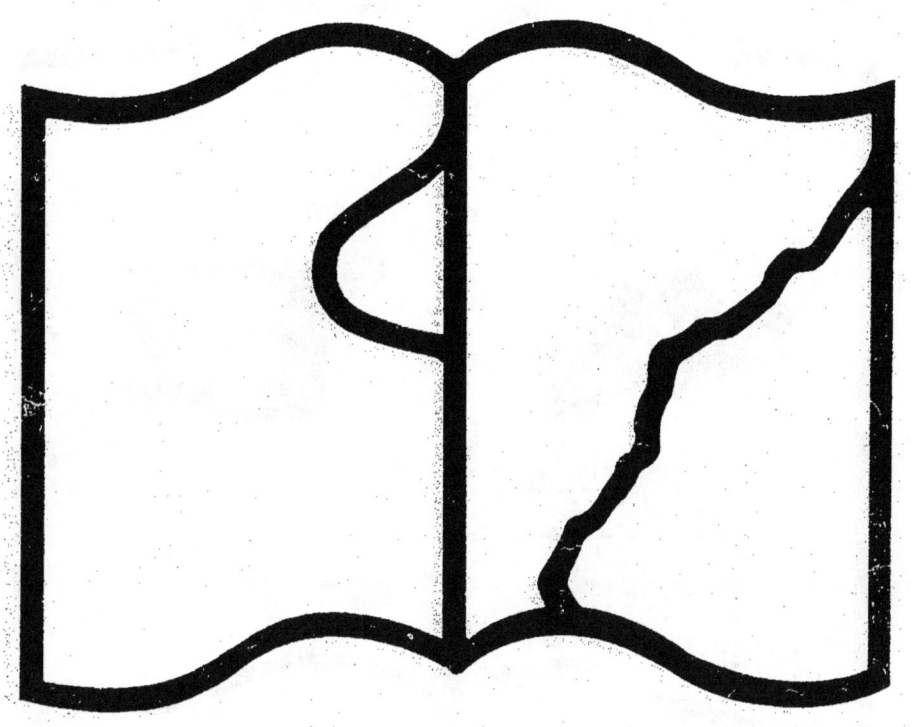

Texte détérioré — reliure défectueuse

NF Z 43-120-11

Contraste insuffisant

NF Z 43-120-14

www.ingramcontent.com/pod-product-compliance
Lightning Source LLC
Chambersburg PA
CBHW062010070426
42451CB00008BA/596